Impressum
Verlag: BABADADA GmbH, Nedderfeld 112 , 22529 Hamburg
Geschäftsführer / Verlagsleitung: Harald Hof
Druck: Books on Demand GmbH, In de Tarpen 42, 22848 Norderstedt

Imprint
Publisher: BABADADA GmbH, Nedderfeld 112 , 22529 Hamburg, Germany
Managing Director / Publishing direction: Harald Hof
Print: Books on Demand GmbH, In de Tarpen 42, 22848 Norderstedt, Germany

duɗal

школа

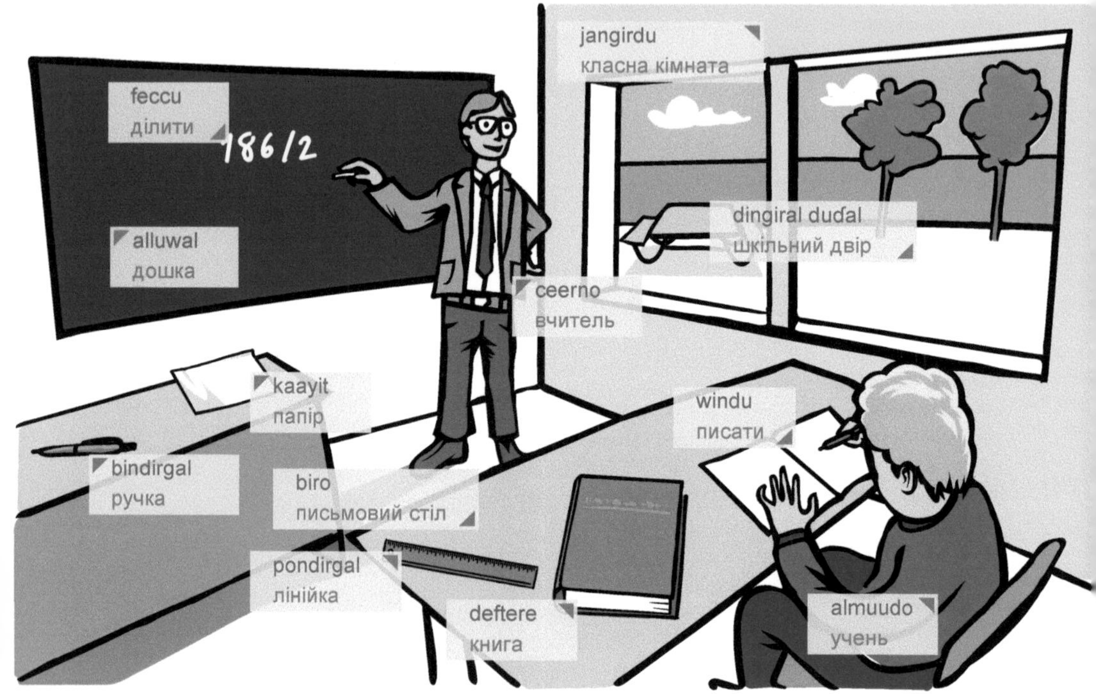
jangirdu
класна кімната
feccu
ділити
186/2
alluwal
дошка
dingiral duɗal
шкільний двір
ceerno
вчитель
kaayit
папір
windu
писати
bindirgal
ручка
biro
письмовий стіл
pondirgal
лінійка
deftere
книга
almuudo
учень

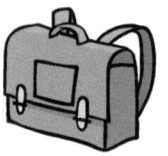

sakosel

ранець

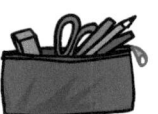

suudu kuɗol

пенал

kuɗol

олівець

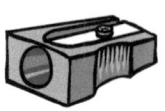

ceeɓnoowo kuɗol

точило

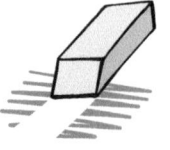

momtirgal

гумка

nokku diidirɗo

альбом для малювання

diidgol

малюнок

diidirgal

пензель

suudu diidordu

коробка фарб

sisooje

ножиці

kol

клей

deftere softinorde

зошит

coftinogol

домашнє завдання

tongoode

число

ƀeydu

додавати

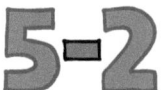

ustu

віднімати

hebbin

множити

lim

рахувати

bataake

літера

hijju

абетка

kongol

слово

windande

текст

jangu

читати

bindirgal

крейда

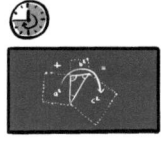

darsu

година

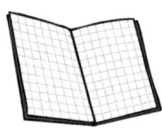

windaade

класний журнал

ÿeewtogol

екзамен

ijaazi

диплом

wutte jaŋirɗo

шкільна форма

jaŋde

освіта

ɗowitorde mawnde

лексикон

jaabi haatirde

університет

mokoroskop

мікроскоп

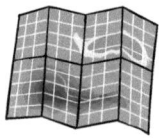

wertaango

карта

siwo mbalis

кошик для паперу

ɗannaade

подорож

otel
готель
Grand
hoɗirdu
турбаза
ROOMS
nokku beccirɗo
обмінний пункт
woliis
валіза
oto
автомобіль

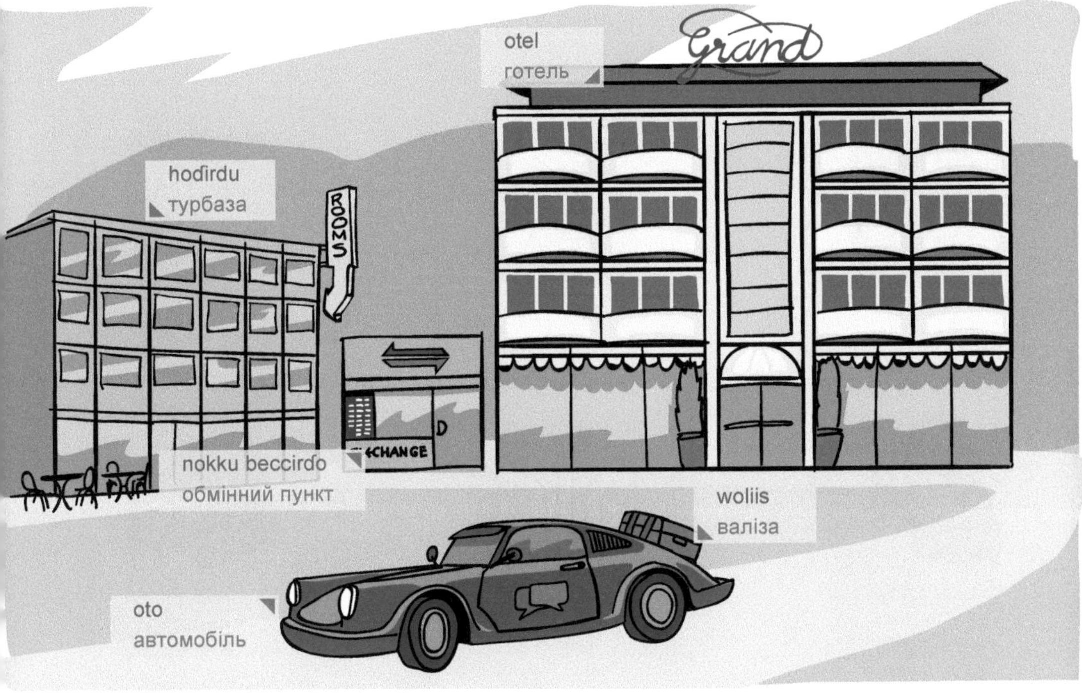

ɗemngal
мова

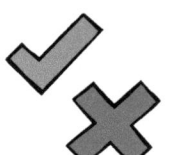

ey / ala
так / ні

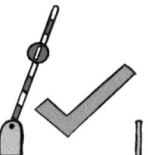

Eyyo
добре

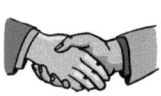

mbaɗɗa
привіт

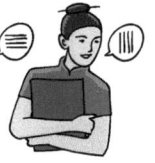

pirtoowo
перекладач

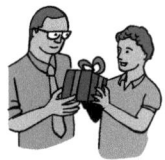

jaraama
дякую

hono foti...?

Скільки коштує ...?

mi faamaani

Я не розумію

satteende

проблема

jam hiiri

Добрий вечір!

jam waali

Доброго ранку!

jam waal

На добраніч!

baay baay

До побачення

ngardiindi

напрямок

kaake

багаж

saak

сумка

saak bakke

рюкзак

koɗo

гість

suudu

кімната

saak ɗaanorɗo

спальний мішок

taanta

намет

kabaaru jillotooɗo

туристична інформація

palaaz

пляж

kartal keredii

кредитна картка

kasitaari

сніданок

bottaari

обід

hiraande

вечеря

tikkett

квиток

suutde

ліфт

tembere

поштова марка

keerol

межа

soodooɓe

митниця

ambasaat

посольство

wiisa

віза

paaspoor

паспорт

yangarta
транспорт

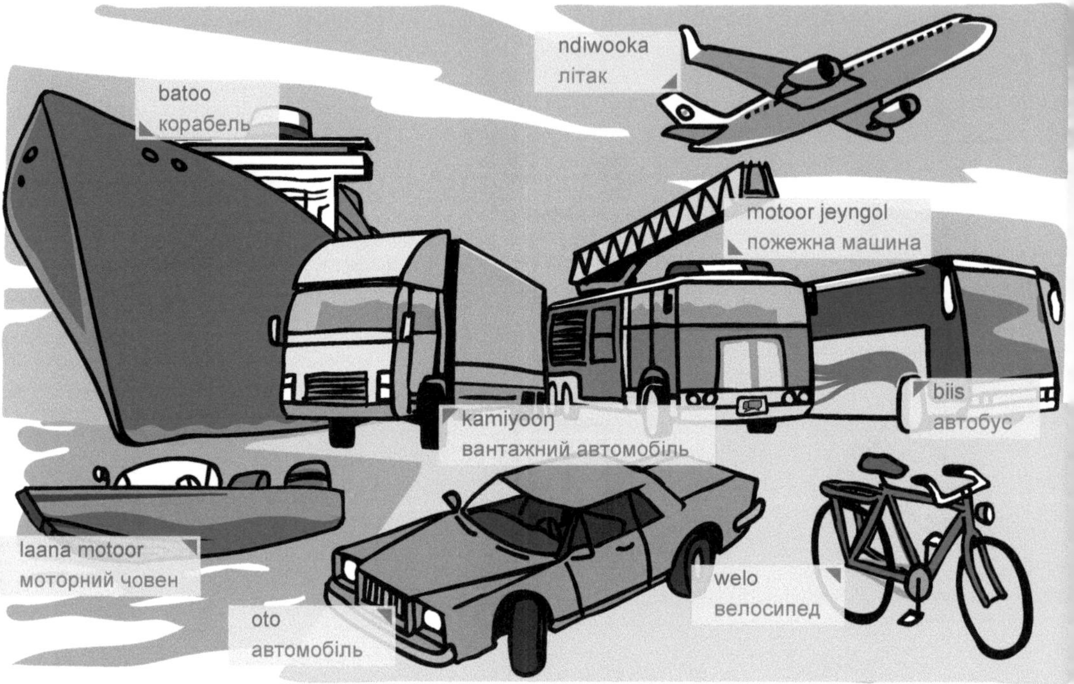
ndiwooka
літак
batoo
корабель
motoor jeyngol
пожежна машина
biis
автобус
kamiyooŋ
вантажний автомобіль
laana motoor
моторний човен
welo
велосипед
oto
автомобіль

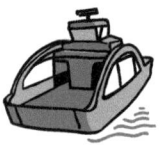

baak

пором

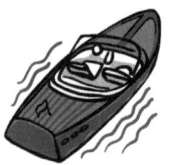

laana

човен

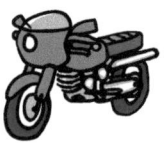

welo motoor

мотоцикл

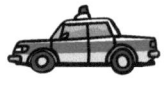

oto poliis

поліцейська машина

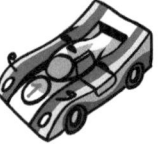

oto dandu

гоночний автомобіль

otoluwaaɗo

автомобіль на прокат

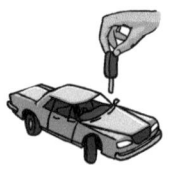

rendude oto

спільне користування авто

leŋge

евакуатор

kamiyooŋ salo

сміттєвоз

moto

двигун

gaas

паливо

esaaseer

автозаправна станція

maantorde tali

дорожній знак

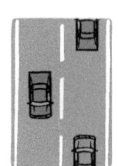

tali

рух

bittugol tali

затор

darnirde oto

стоянка

dartorde teree

вокзал

laabi

рейки

teree

потяг

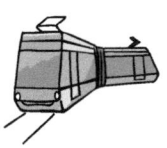

taraam

трамвай

nawgol

вагон

elikooteer

гелікоптер

aydapoor

аеропорт

hubeere

вежа

jahoowo

пасажир

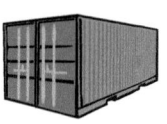

kontaneer

контейнер

kees

коробка

saret

візок

siwo

кошик

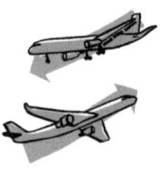

diw / tello

стартувати / приземлятися

wuro

місто

saare

село

hakkunde wuro

центр міста

galle

дім

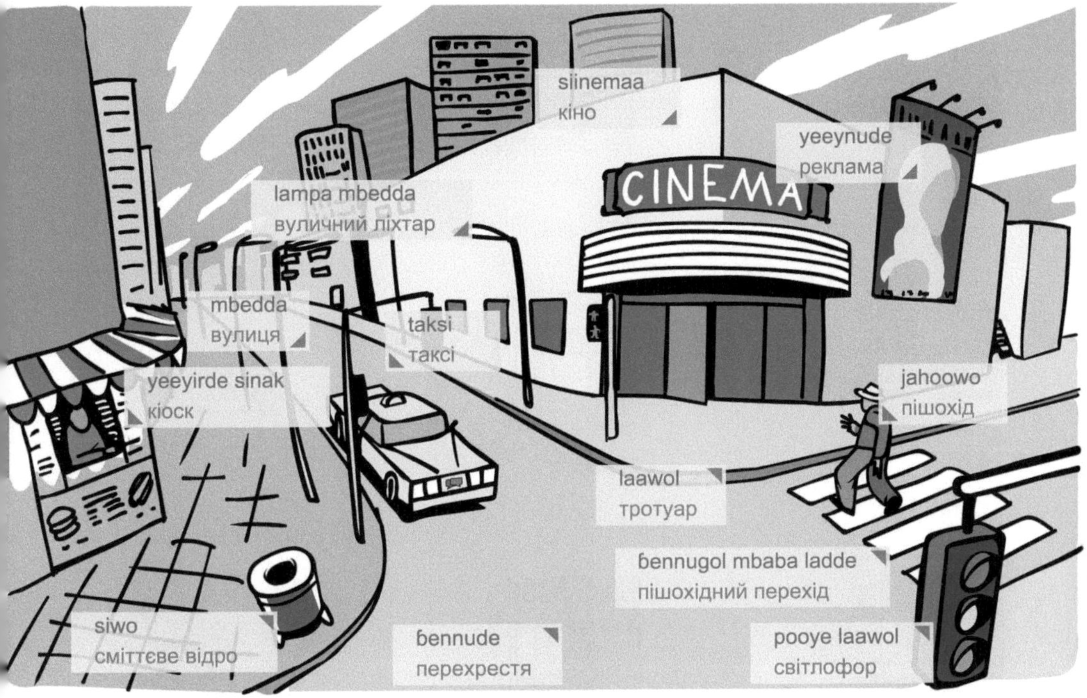

siinemaa
кіно

yeeynude
реклама

lampa mbedda
вуличний ліхтар

CINEMA

mbedda
вулиця

taksi
таксі

yeeyirde sinak
кіоск

jahoowo
пішохід

laawol
тротуар

ɓennugol mbaba ladde
пішохідний перехід

siwo
сміттєве відро

ɓennude
перехрестя

pooye laawol
світлофор

tiba
хатина

hoɗorde
квартира

dartorde teree
вокзал

meeri
ратуша

miise
музей

duɗal
школа

jaaɓi haatirde

університет

baŋke

банк

safrirdu

лікарня

otel

готель

farmasii

аптека

gollorde

офіс

yeeyirde defte

книжковий магазин

yeeyirde

магазин

mo nehoowo leɗɗe

квітковий магазин

duggere

супермаркет

jeere

ринок

yeeyirde diiwaan

універмаг

mo gawoowo

торговець рибою

nokku njeeygu

торговельний центр

telloorde

гавань

parka

парк

jooɗorde

лава

pooŋ

міст

ŋabbirɗe

сходи

les leydi

метро

laawol les

тунель

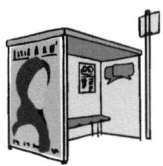

dartorde biis

автобусна зупинка

baar

бар

restoraaŋ

ресторан

suudu posto

поштова скринька

maantorde mbedda

вулична табличка

meetorde parka

лічильник паркування

nehirde kulle

зоопарк

pisiin

басейн

jumaa

мечеть

ngesa

ферма

bonande

забруднення навколишнього середовища

genaale

кладовище

ekiliis

церква

dingiral

дитячий майданчик

tempele

храм

satto

ландшафт

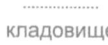

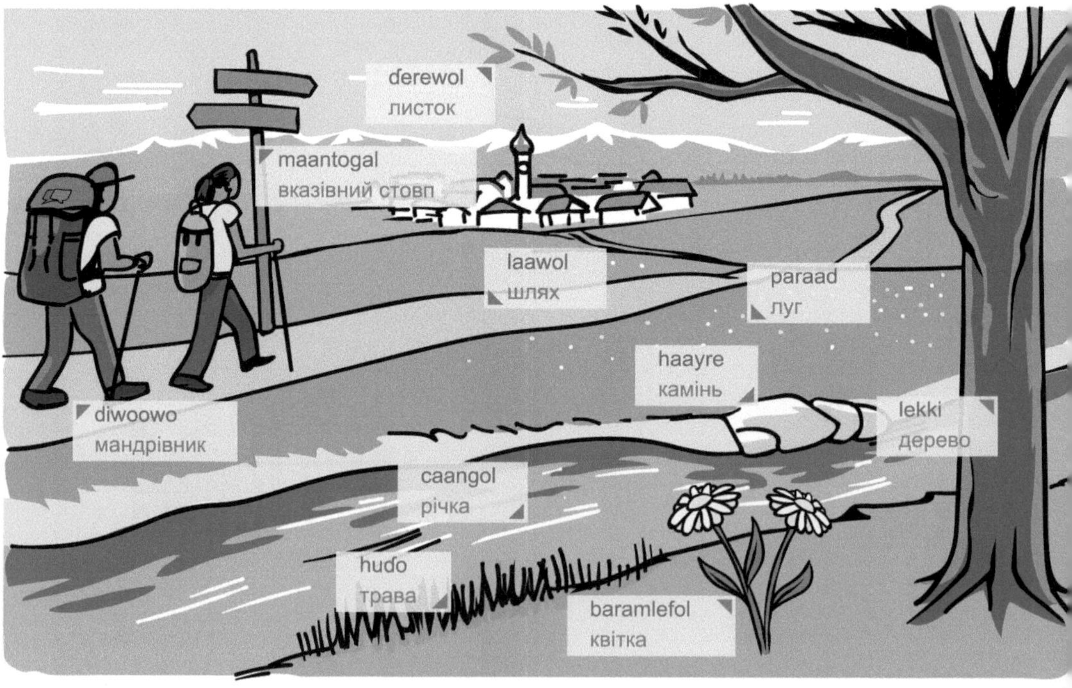

ɗerewol
листок

maantogal
вказівний стовп

laawol
шлях

paraad
луг

haayre
камінь

lekki
дерево

diwoowo
мандрівник

caangol
річка

huɗo
трава

baramlefol
квітка

fongo

долина

tiwaande

гора

weendu

озеро

dundu

ліс

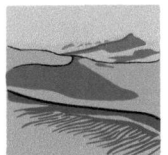

ladde

пустеля

wolkaaŋ

вулкан

hoɗorde

замок

timtimol

веселка

wiiduru gaynaako

гриб

lekki koko

пальма

ɓongu

комар

diw

муха

ñuuñu

мурашка

ñaaku

бджола

njabala

павук

satto - ландшафт

15

karaab

жук

paaɓa

жаба

jiire

вивірка

nguru paaɓa

їжак

wojere

заєць

hooweere

сова

ndiwri

птах

kankaleewal

лебідь

fowru

кабан

lella

олень

kooba

лось

baaraas

гребля

seɗa hendu

вітряк

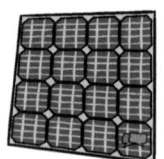

mbeɗu naange

сонячний модуль

kilimaaŋ

клімат

restoraaŋ

ресторан

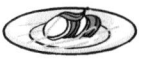

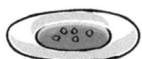

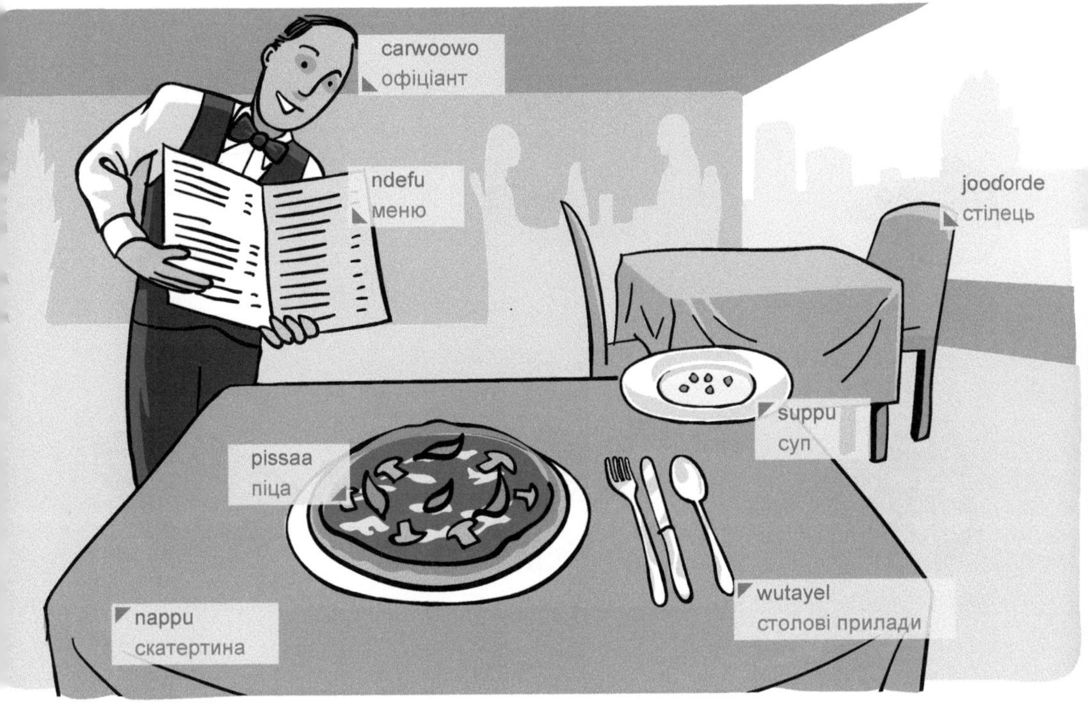
carwoowo
офіціант
ndefu
меню
jooɗorde
стілець
suppu
суп
pissaa
піца
wutayel
столові прилади
nappu
скатертина

puɗɗorɗo

закуска

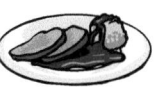

barme mawɗo

друга страва

deseer

десерт

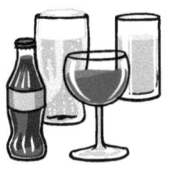

njarameeje

напої

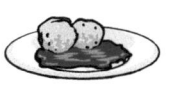

ñamri

їжа

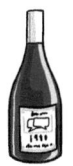

bitel

пляшка

fastfuut

фаст-фуд

ñaamde mbedda

вулична їжа

pot ataaya

чайник

taasa suukara

цукорниця

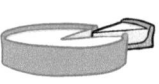

geɗal

порція

masiŋ esperesoo

еспресо-машина

jooɗorde toownde

високий стільчик

faktiir

рахунок

terey

піднос

paaka

ніж

fursett

вилка

kuddu

ложка

kuddu ataaya

чайна ложка

torsooŋ

серветка

weer

склянка

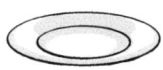

palaat

тарілка

palaat suppu

тарілка для супу

coosoowo

блюдце

soos

соус

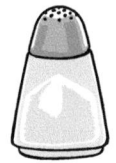

pot lamďam

солонка

poobaar

млин для перцю

wineegar

оцет

diwliin

масло

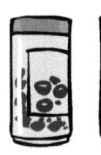

kaaniije

спеції

ketsoop

кетчуп

mutaarde

гірчиця

maynees

майонез

duggere
супермаркет

dokkal teentungal
пропозиція
FOR
coodoowo
клієнт
deftel
молочні продукти
ɓingel leggal
фрукти
saret
візок для покупок

BUTCHERS

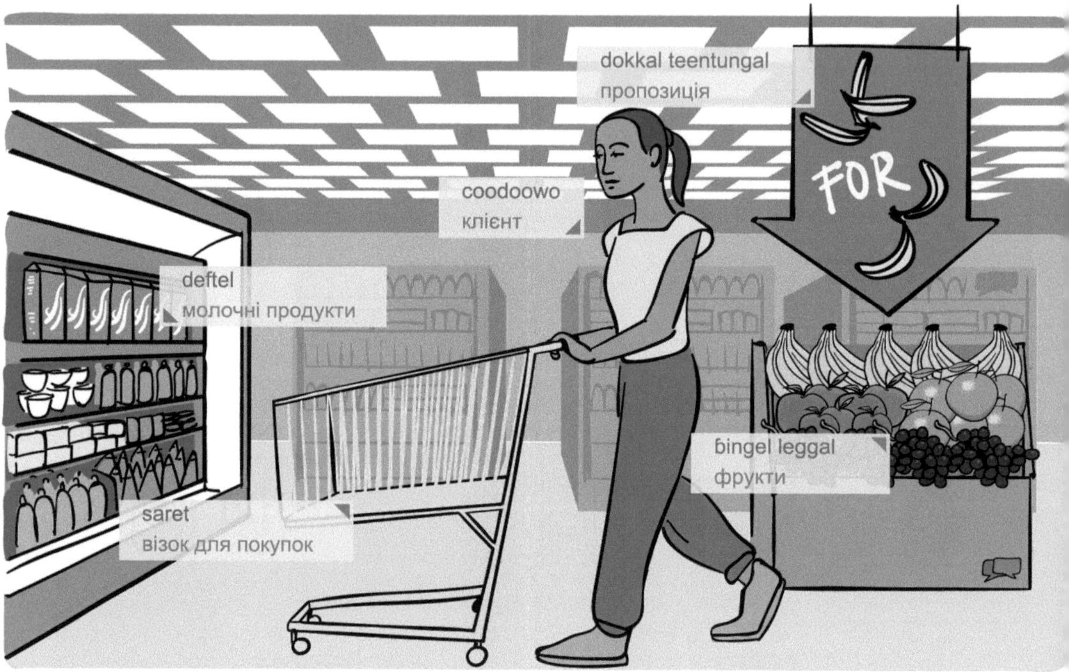

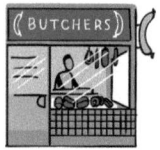

mo jeeyoowo teewu

м'ясний магазин

BAKERY

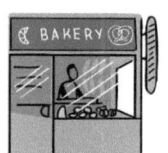

mo piyoowo mburu

пекарня

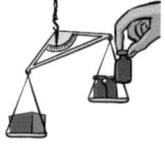

ɓett

зважувати

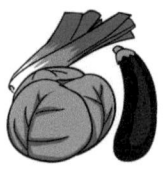

ɓiɓe leɗɗe

овочі

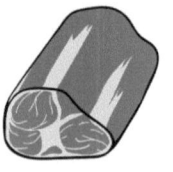

teewu

м'ясо

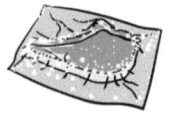

ñamri fendiindi

заморожені продукти

teewu buuɓngu

ковбасна нарізка

ñamri

консерви

omo

пральний порошок

tangaleeji

солодощі

geɗe galle

предмети домашнього побуту

geɗe labbinooje

мийний засіб

jeeyoowo

продавщиця

hippoode

каса

ngaluyanke

касир

limo soodetee

список покупок

waktuuji gudditeeɗi

часи роботи

kalbe

гаманець

kartal keredii

кредитна картка

saak

сумка

saak dalli

поліетиленовий пакет

ndiyam

вода

sii

сік

kosam

молоко

Koowk

кола

sangara

вино

sangara

пиво

alkol

алкоголь

koka

какао

ataaya

чай

kafe

кава

esperesoo

еспресо

kaputsiino

капучіно

banaana

банан

pomere

яблуко

oraaŋs

апельсин

dende

кавун

limoŋ

лимон

karott

морква

laac

часник

bambuu

бамбук

soblere

цибуля

wiiduru gaynako

гриб

gerte

горішки

kodde

локшина

espaketii

спагеті

maaro

рис

solaat

салат

sipse

картопля фрі

padaas pasnaaɗo

смажена картопля

pissaa

піца

amburgoor

гамбургер

sandiis

бутерброд

tayre

шніцель

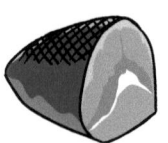

heltinde

шинка

salaami

салямі

soosiis

ковбаса

gertogal

курка

juɗe

печеня

liingu

риба

karaw

вівсяні пластівці

miyesli

мюслі

butaali makka

кукурудзяні пластівці

cafka

борошно

koraasaŋ

круасан

loocol mburu

булочка

mburu

хліб

mburu

тостовий хліб

mbiskit

печиво

boor

масло

caakri

сир

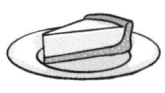

ngato

пиріг

boofoode

яйце

bofoode defaaɗo

яєчня

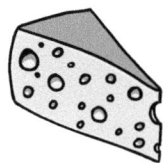

formaas

сир

ñamri - їжа

kerem galaas

морозиво

suukara

цукор

njuumri

мед

piire

мармелад

soosde sokola

нуга-крем

kiri

карі

ngesa
ферма

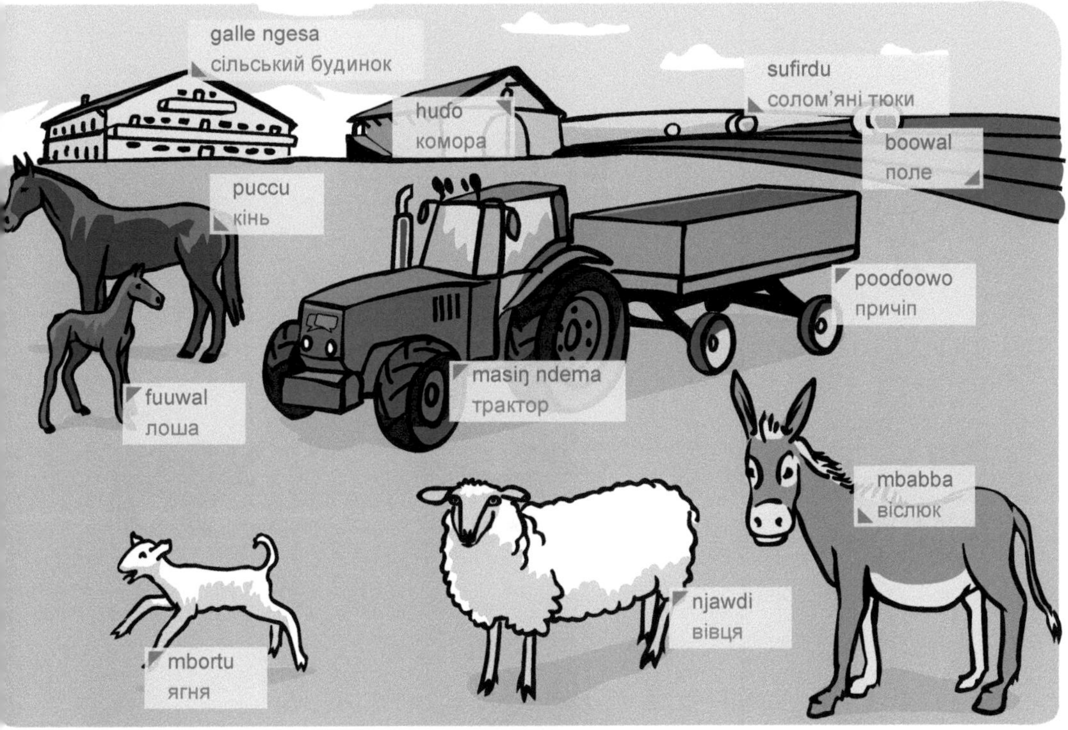
galle ngesa
сільський будинок
hudo
комора
sufirdu
солом'яні тюки
boowal
поле
pucci
кінь
poodoowo
причіп
masiŋ ndema
трактор
fuuwal
лоша
mbabba
віслюк
njawdi
вівця
mbortu
ягня

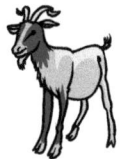

ndamndi
коза

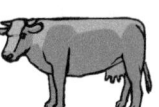

ngaari
корова

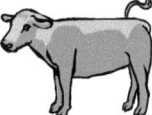

ñale
теля

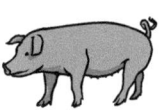

mbaba tugal
свиня

ɓingel tugal
порося

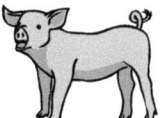

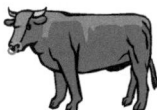

ngaari
бик

jaawalal

гусак

jaawangal

качка

gertogal

курча

jarlal

курка

ngori

півень

doombru

щур

ulluundu

кіт

dombru

миша

ngaari

віл

rawaandu

собака

suudu rawaandu

собача будка

lekki werte

садовий шланг

bitel ndiyam

лійка

jalo

коса

jabbude

плуг

wafdu

серп

caga

мотика

furset yettirɗo

вила

jambere

сокира

burwett

тачка

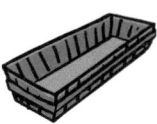

jardugal

корито

bitel kosam

бідон молока

bonnude

мішок

heerorde

паркан

dari

хлів

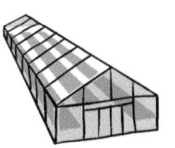

resofmaaŋ

теплиця

leydi

ґрунт

aawdi

насіння

engere

добриво

rendin coñoowo

комбайн

soň

пожинати

coňal

урожай

ňambi

корінь ямсу

ndiyamiri

пшениця

soozaa

соя

padaas

картопля

makka

кукурудза

aawdi adan

ріпак

lekki ɓesnooki

плодове дерево

kasaawa

маніок

gawri

злаки

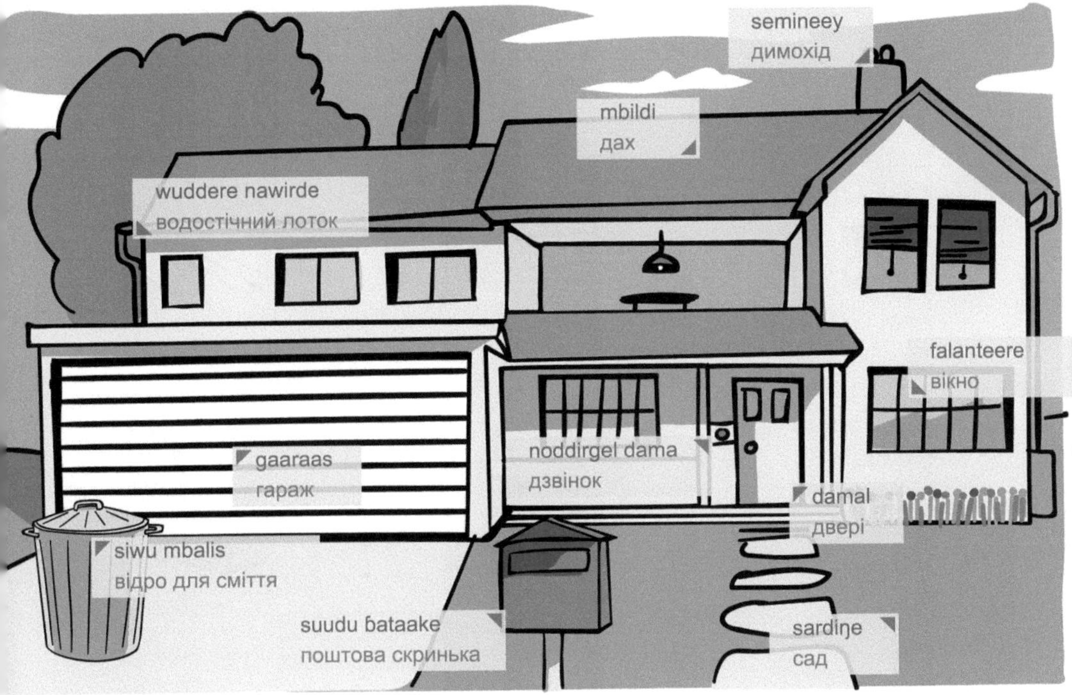

semineey
димохід

mbildi
дах

wuddere nawirde
водостічний лоток

falanteere
вікно

gaaraas
гараж

noddirgel dama
дзвінок

damal
двері

siwu mbalis
відро для сміття

suudu ɓataake
поштова скринька

sardiŋe
сад

saal

вітальня

lootorde

ванна кімната

waañ

кухня

suudu lelteendu

спальня

suudu suka

дитяча кімната

suudu hirtordu

їдальня

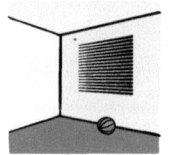

leydi

підлога

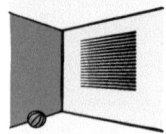

miir

стіна

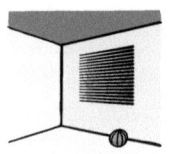

dira

стеля

masiŋel

підвал

soona

сауна

balkooŋ

балкон

teeraas

тераса

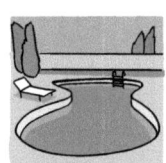

pisin

басейн

tondoos

косарка

kaayit

простирало

mbertanteeri

ковдра

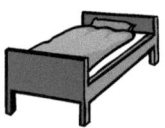

lelnde

ліжко

pittirɗe

мітла

siwoo

відро

waylu

перемикач

saal

вітальня

foodekaraŋ
шпалери
nattal
малюнок
lampa
лампа
dow
поличка
baye
шафа
lewe
телевізор
fotekaaŋ
камін
baramlefol
квітка
njegenaay
подушка
soofaa
диван
kaas
ваза
komaande
пульт

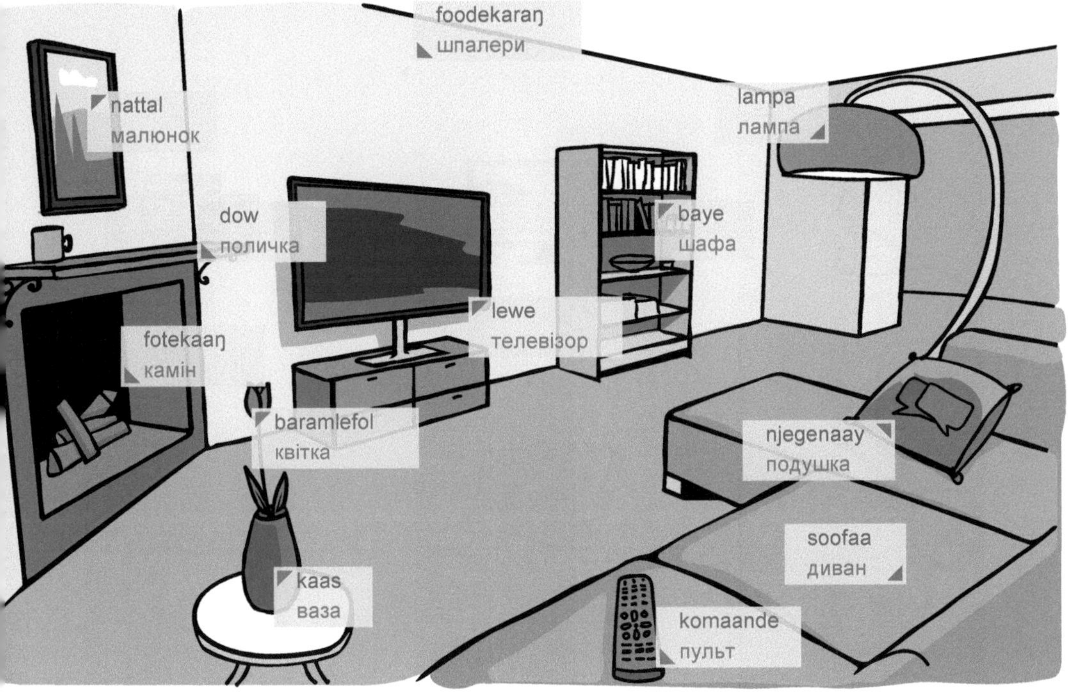

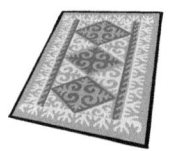

tappi

килим

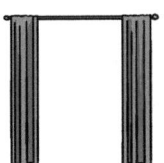

rido

завіса

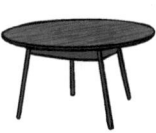

taabal

стіл

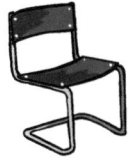

jooɗorde

стілець

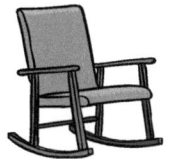

jooɗorde timmunde

крісло-гойдалка

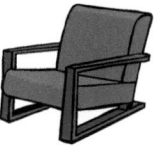

tuggorde

крісло

deftere

книга

suddaare

ковдра

cinki

прикраса

docotal

дрова

filmo

фільм

kuutorɗe hi-fi

стереосистема

caabi

ключ

jaaynde

газета

pentiirde

картина

posteer

плакат

haalirde

радіо

deftel mooftirgel

блокнот

ŋabbude

пилосос

siwo lekki

кактус

sondel

свічка

waañ
кухня

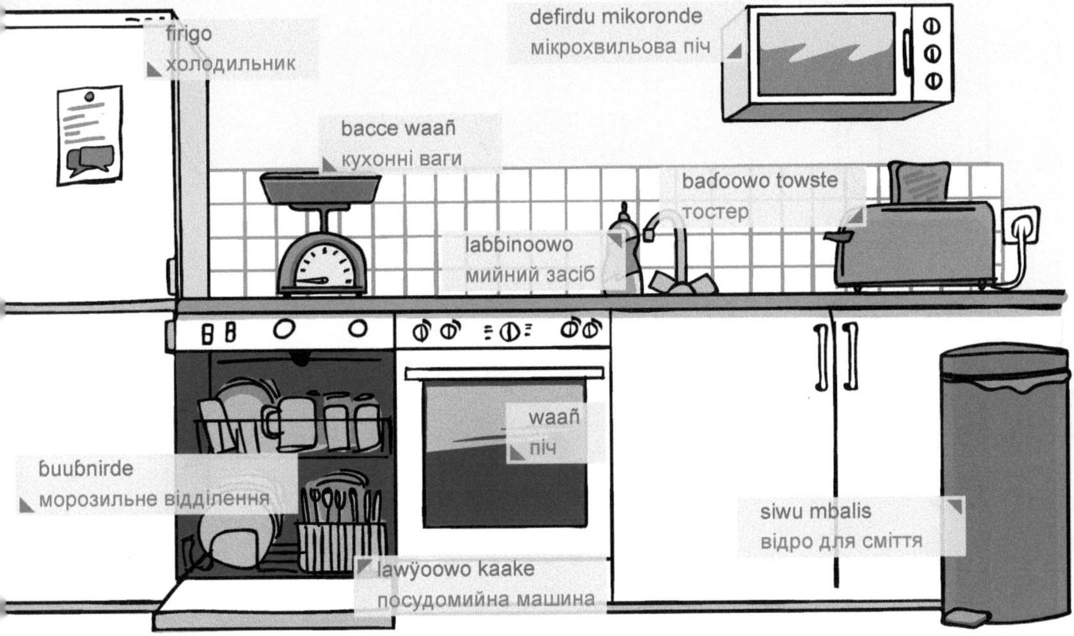

firigo
холодильник
defirdu mikoronde
мікрохвильова піч
bacce waañ
кухонні ваги
baɗoowo towste
тостер
labbinoowo
мийний засіб
waañ
піч
ɓuuɓnirde
морозильне відділення
siwu mbalis
відро для сміття
lawÿoowo kaake
посудомийна машина

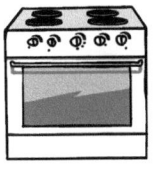

defoowo

плита

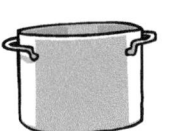

pot

горщик

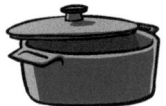

pot baɗɗo njamdi

чавунний горщик

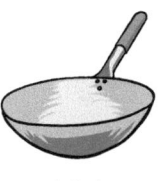

lehel

вок / кадай

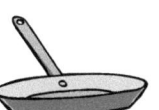

lahal

сковорода

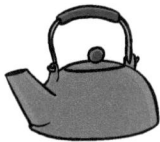

baraade

чайник

gulnoowo

пароварка

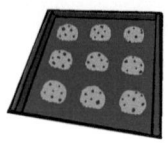

fuur cumirɗo

лист

wiisirde

посуд

kaas

кухоль

taasa

чаша

bakett

палички для їжі

heɗirde

черпак

kuundal

лопатка

burgal

вінчик для збивання

gulnirɗo

сито

pool

сито

koosoowo

терка

wowru

ступка

njuɗu

барбекю

lewlewndu

багаття

alluwal tayirgal

дошка

dullirgal

качалка

tenaay

штопор

potyel

конзерва

udditirďo potyel

відкривачка

jaggoowo pot

прихватки

lawÿirde

раковина

borisde

щітка

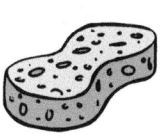

epoos

губка

jiiɓoowo

міксер

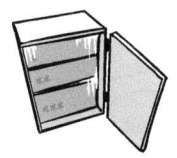

firigo juutďo

морозильна камера

bitel tiggu

дитяча пляшка

robine

кран

lootorde

ванна кімната

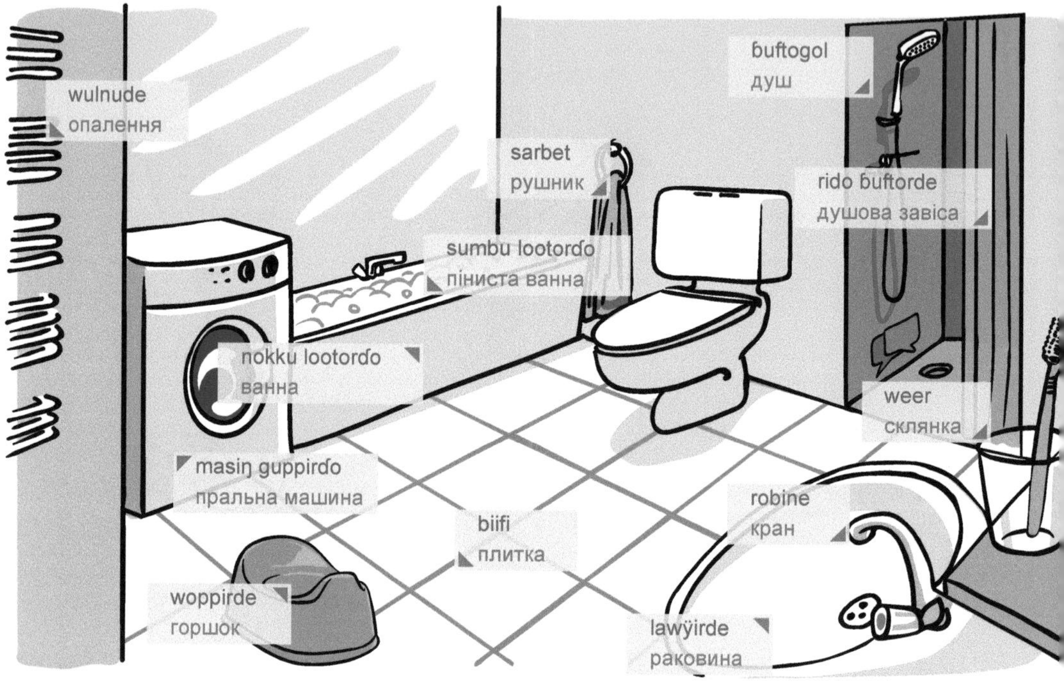
wulnude
опалення
ɓuftogol
душ
sarbet
рушник
rido ɓuftorde
душова завіса
sumbu lootorɗo
пíниста ванна
nokku lootorɗo
ванна
weer
склянка
masiŋ guppirɗo
пральна машина
robine
кран
biifi
плитка
woppirde
горшок
lawŷirde
раковина

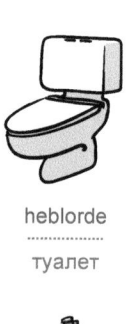

heblorde

туалет

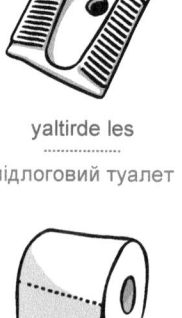

yaltirde les

підлоговий туалет

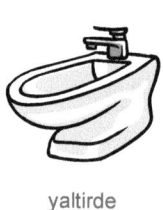

yaltirde

біде

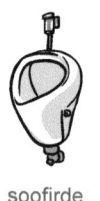

soofirde

пісуар

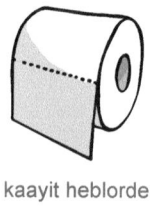

kaayit heblorde

туалетний папір

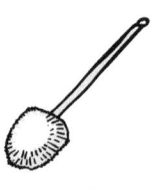

boros heblorde

щітка для туалету

boros ñiiÿe

зубна щітка

pat cocorɗo

зубна паста

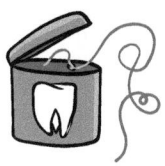

cocorgal

нитка для чищення зубів

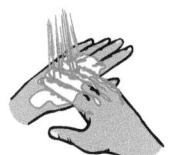

lawyu

мити

ɓuftorde jungo

ручний душ

jampe

інтимний душ

taasa

таз

boros keeci

щітка для спини

saabunde

мило

nebam ɓuftorde

гель для душу

sampoye

шампунь

lootogel

мочалка

yupude

водостік

mileen

крем

lati

дезодорант

lootorde - ванна кімната

daarogal

дзеркало

daarogal jungo

косметичне дзеркало

rasuwaar

бритва

sumbu pemborɗo

піна для гоління

lallitirde

лосьйон після гоління

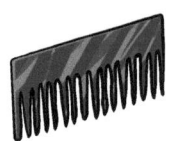

koomu

гребінь

boros

щітка

yoorno hoore

фен

uurna hoore

лак для волосся

makiyaas

косметика

lippo

губна помада

emaaye segene

лак для нігтів

wiro

вата

sisooje segene

ножиці для нігтів

parfooŋ

парфум

saawdu lawyirdu

косметичка

kuudi

табурет

bacce ɓetirde

ваги

wutte lootorɗo

халат

kawaseeje dalli

гумові рукавички

tampooŋ

тампон

sarbet labɓinoorɗo

гігієнічні прокладки

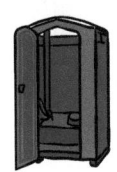

lootogol cellungol

біотуалет

suudu suka

дитяча кімната

mantoor pindinoowo
будильник
pijirgel ɗaatngel
м'яка іграшка
oto fijirde
іграшковий автомобіль
rekeet
брязкальце
suudu puppe
ляльковий будиночок
tawa
подарунок

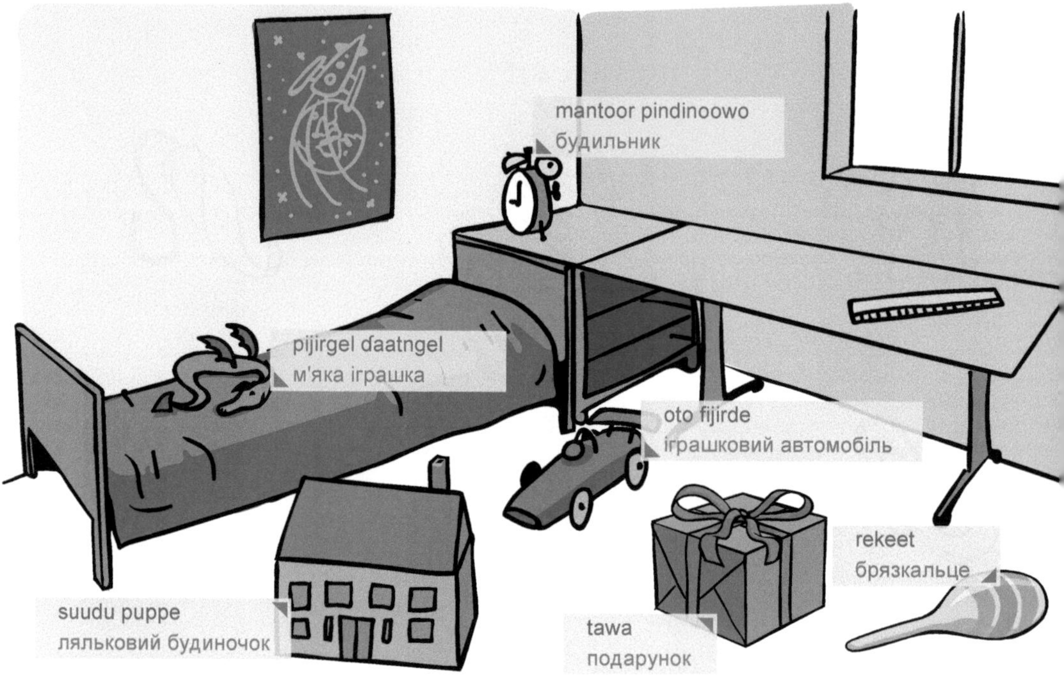

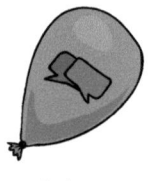

balooŋ

повітряна кулька

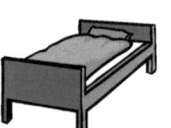

lelnde

ліжко

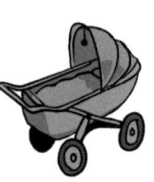

puus puus

дитячий візок

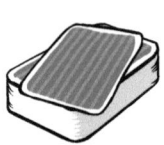

taabal karte

картярська гра

juwirgal

пазл

SUPER MEGA

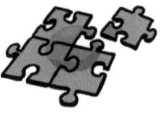

jalnii

комікс

tuufeeje lego

лего цеглинки

kaaÿe maadi

блоки

pijirgel suka

іграшкова фігурка

wutte suka

повзунки

mbiifu

фризбі

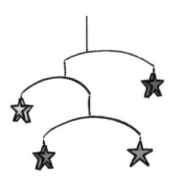

noddirgel

мобіле

fijirde alluwal

настільна гра

dee

кубик

tereŋ jahiroowo batiri

модель залізнична станція

ɗaayɗo

соска

hiirde

вечірка

deftere natte

книжка з картинками

bal

м'яч

puppe

лялька

fij

грати

ngaska leydi

пісочниця

yirlude

гойдалка

pijirɗe

іграшка

fijirde widoo peley

гральна консоль

biifi tati

триколісний велосипед

uluundu pijirgel

плюшевий мішка

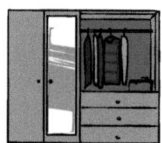

woliis

шафа

boornogol

одяг

kawaseeje

шкарпетки

baardinirɗi

панчохи

dogirɗi

колготки

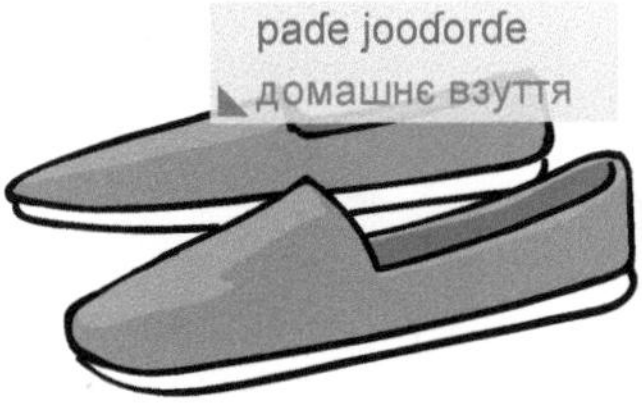

muurnorde
шарф

paraseewal
парасоля

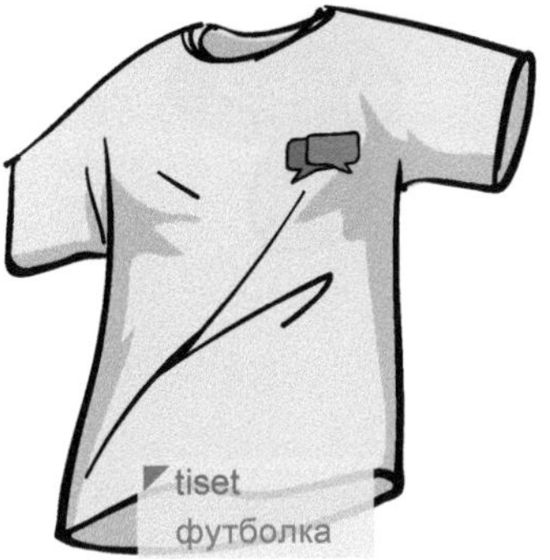

tiset
футболка

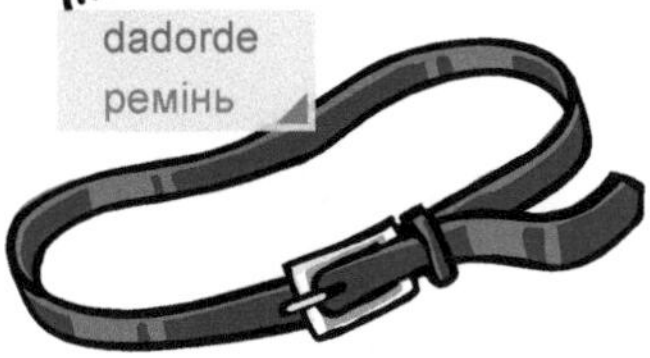

dadorde
ремінь

bataaje
чоботи

paɗe jooɗorɗe
домашнє взуття

dogirɗe
кросівки

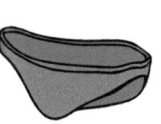

caraax
....
сандалі

paɗe
....
взуття

bataaje dalli
....
гумові чоботи

cakkirɗi
....
труси

site ŋoos
....
бюстгальтер

weste
....
нижня сорочка

bandu

боді

tuuba

штани

jiin

джинси

sippu

спідниця

buluus

блузка

wuttel

сорочка

piliweer

пуловер

njallaaba

светр

balaseer suka

піджак

jakett

куртка

sabandoor

пальто

wutte toɓo

дощовик

kossim

костюм

robbo

сукня

wutte cuddungu

весільна сукня

cakkirɗo

костюм

robbo baalduɗo

нічна сорочка

baaluɗi

піжама

sari

сарі

fiilorde

головна хустка

kaala

чалма

misoor

бурка

haftan

кафтан

abaaye

абая

lumborɗo

купальник

leɗɗe

плавки

kilooti

шорти

dewirɗi

тренувальний костюм

aparooŋ

фартух

kawase

рукавички

nebbu

гудзик

lone

окуляри

jawo

браслет

cakka

ланцюг

feggere

кільце

hootonde

сережка

laafa

шапка

jaggirgal sabandoor

плічка

kufna

капелюх

karwaat

краватка

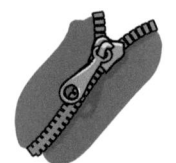

korsude

застібка-блискавка

tengaade

шолом

jawe

підтяжки

wutte jaɲirɗo

шкільна форма

dadorɗo

уніформа

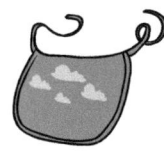

nappu suka

нагрудник

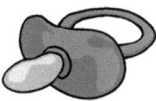

ɗaayɗo

соска

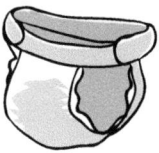

fooftini

підгузок

gollorde
офіс

carwoowo
сервер
nokku bindirɗo
шаф для документів
jaltinoowo
принтер
kaayit
папір
peewnoowo
монітор
doomburu
миша
biro
письмовий стіл
suudu
папка
bindirgal
синтезатор
siwo mbalis
кошик для паперу
ordinateer
комп'ютер
jooɗorde
стілець

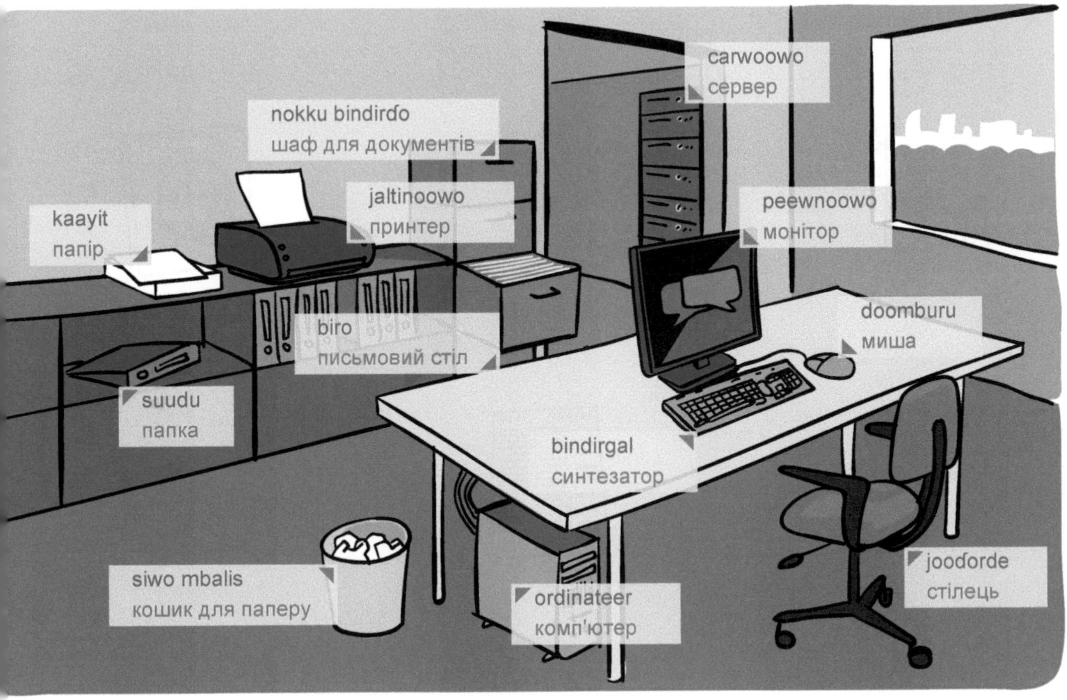

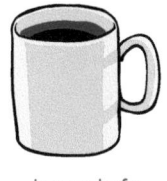

koppu kafe

кавовий кухоль

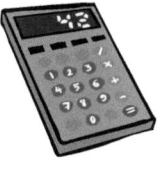

tongirde

калькулятор

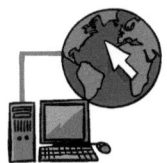

enternet

інтернет

ordinateer

ноутбук

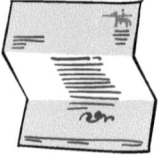

bataake kaayit

лист

bataake

повідомлення

noddirgel

мобільний телефон

jokkondiral

мережа

nandinoowo

копіювальний пристрій

kuutorgel

програмне забезпечення

noddirgel

телефон

piriis

розетка

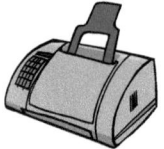

masiŋ faksii

факс

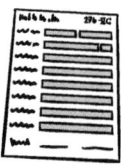

sifaa

бланк

kaayit

документ

sood

купувати

yob

платити

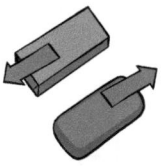

yeey

торгувати

kaalis

гроші

dolaar

долар

oro

євро

yeen

ієна

ruubal

рубль

siiwis farayse

франк

yuwaan renminbi

юанів женьміньбі

ruppii

рупія

nokku ngalu

банкомат

nokku beccirɗo

обмінний пункт

kaŋe

золото

kaalis

срібло

peteroŋ

нафта

doole

енергія

coggu

ціна

jokkondiral

контракт

lempo

податок

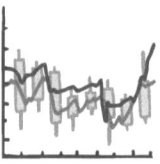

jeyii

акція

liggo

працювати

liggotooɗo

працівник

lligginoowo

роботодавець

isin

фабрика

yeeyirde

магазин

golle

професії

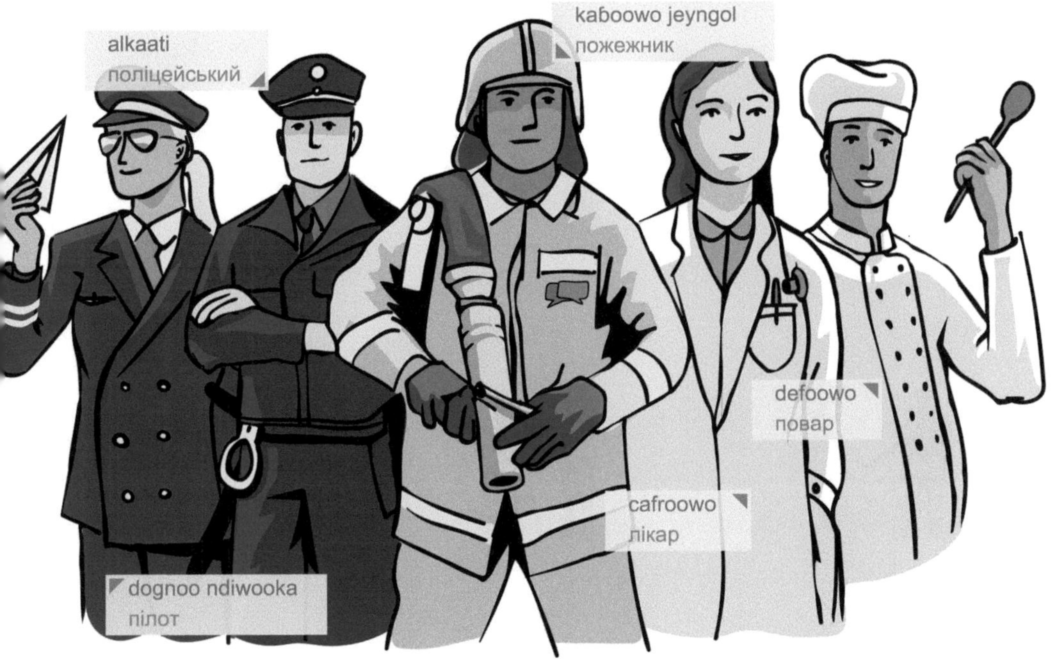
kaboowo jeyngol
пожежник
alkaati
поліцейський
defoowo
повар
cafroowo
лікар
dognoo ndiwooka
пілот

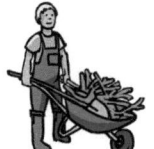

mooftoowo

садівник

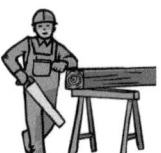

meniise

столяр

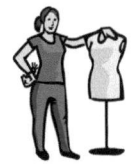

gawoowo debbo

швачка

ñaawoowo

суддя

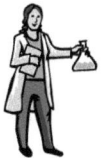

simiyanke

хімік

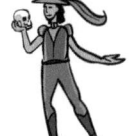

aktoor

актор

diirnoowo biis

водій автобуса

diirnoowo taksi

таксист

gawoowo

рибалка

debbo pittoowo

прибиральниця

biloowo

покрівельник

carwoowo

офіціант

baañoowo

мисливець

diidoowo

художник

piyoo mburu

пекар

peewnoo jeyngol

електрик

mahoowo

будівельник

eseñoor

інженер

buusee

забійник

polombiyee

бляхар

neɗɗo posto

листоноша

soldaat

солдат

arsitekte

архітектор

ngaluyanke

касир

ledɗeyanke

флорист

mooroowo

перукар

diirnoowo

кондуктор

peenoowo jamɗe

механік

gardiiɗo

капітан

safroowo ñiiỹe

дантист

gando

вчений

babbiin

рабин

almaami

імам

muwaan

монах

neɗɗo alla

пастор

kuutorɗe

інструменти

maartoo
молоток
kofooje
щипці
tuurnawiis
викрутка
torsoo
кишеньковий л
tayoowo
гайковий ключ

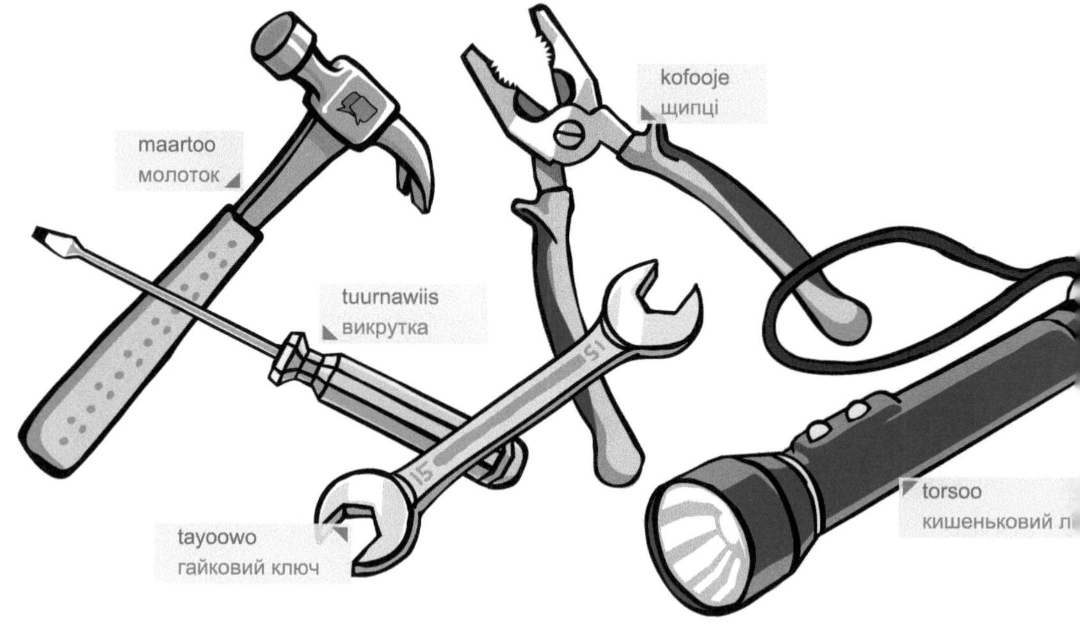

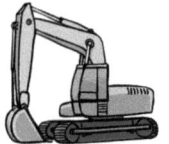

ngasirdi

екскаватор

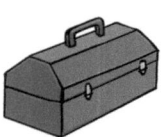

suudu kuutorɗe

ящик для інструментів

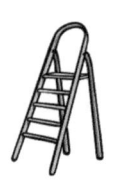

seel

драбина

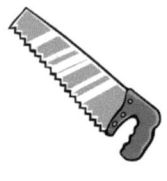

siiy

пилка

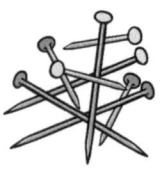

pontooje

цвяхи

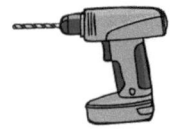

yuwirde

свердло

feewnit
....
ремонтувати

nokkirde
....
лопата

sooot
....
лайно!

peel
....
совок

pot diidirɗo
....
відро з фарбою

wiisuuji
....
гвинти

pijirɗe
музичні інструменти

nikoro
динамік

buuba
ударна установка

gitaar
гітара

dubal baas
контрабас

allaadu
труба

piyaano

фортепіано

ñaañooru

скрипка

baas

бас

timpaan

литаври

bawɗi

барабан

bindirgal

клавіатура

saksofooŋ

саксофон

coolumbel

флейта

haaldude

мікрофон

nehirde kulle

зоопарк

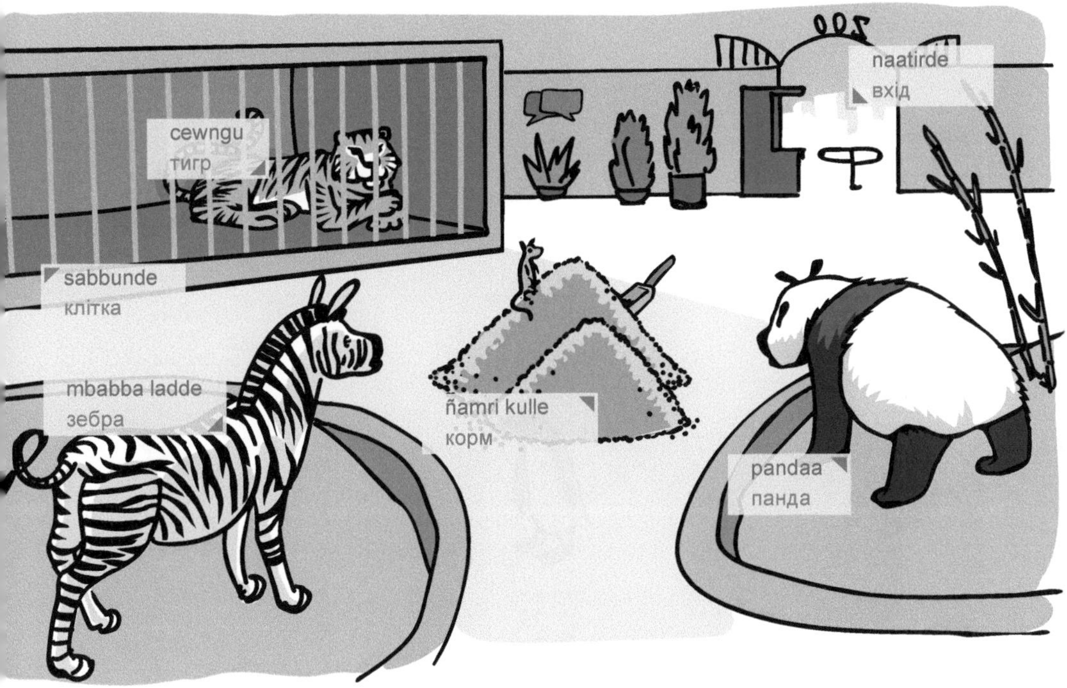

cewngu
тигр
naatirde
вхід
sabbunde
клітка
mbabba ladde
зебра
ñamri kulle
корм
pandaa
панда

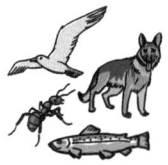

kulle

тварини

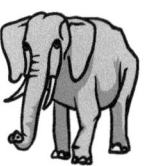

ñiiwa

слон

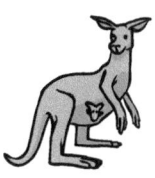

kanguruu

кенгуру

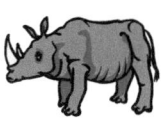

liwoongu

носоріг

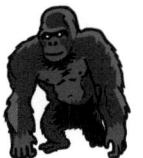

waandu

горила

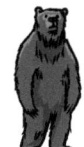

fowru

ведмідь

ngelooba

верблюд

jaawagal

страус

mbaroodi

лев

golo

мавпа

ñaarpural

фламінго

seku

папуга

fowru nees

білий ведмідь

peŋwee

пінгвін

reke

акула

ngoriyal

павич

mboddi

змія

nooro

крокодил

deenoowo kulle

працівник зоопарку

liingu

тюлень

cewngu

ягуар

molel puccu

поні

cewlu

леопард

ngabu

гіпопотам

ñamala

жираф

ciilal

орел

fowru

кабан

liingu

риба

heende

черепаха

morsee

морж

daga

лисиця

lella

газель

fugu koyngel Amarik
американський футбол

welo
їзда на велосипеді

teniis
теніс

basket
баскетбол

lumbaade
плавання

bokse
бокс

okey e galaas
хокей

fugu koyngel

футбол

badminton

бадмінтон

dogduuji

легка атлетика

fugu jungo

гандбол

eskiiy

лижні перегони

polo

поло

diw
стрибати

uurno
обіймати

jal
сміятися

yaɦ
йти

yim
співати

hoyɗu
мріяти

juul
молитися

ɓuuco
цілувати

windu
писати

diid
малювати

hollu
показувати

duň
тиснути

rokku
давати

naw
брати

jogo

мати

waɗ

робити

won

бути

daro

стояти

dog

бігати

ittu

тягнути

weddo

кидати

yan

падати

fen

лежати

fad

очікувати

naw

носити

jooɗo

сидіти

ɓoorno

одягати

ɗaano

спати

finn

просипатися

ndaar

дивитися

woy

плакати

fiiy

гладити

koomu

розчісувати

haal

розмовляти

faam

розуміти

naamdo

питати

hetto

слухати

yar

пити

ñaam

їсти

habbu

прибирати

yiɗ

любити

def

варити

diirnu

їхати

diw

літати

awyu

йти під вітрилом

lim

рахувати

jangu

читати

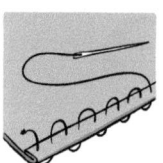

jangu

вчитися

liggo

працювати

res

одружуватися

aaw

шити

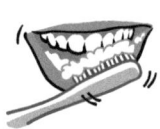

boris ñiiÿe

чистити зуби

war

убивати

simmo

курити

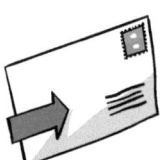

neldu

посилати

ɓesngu

сім'я

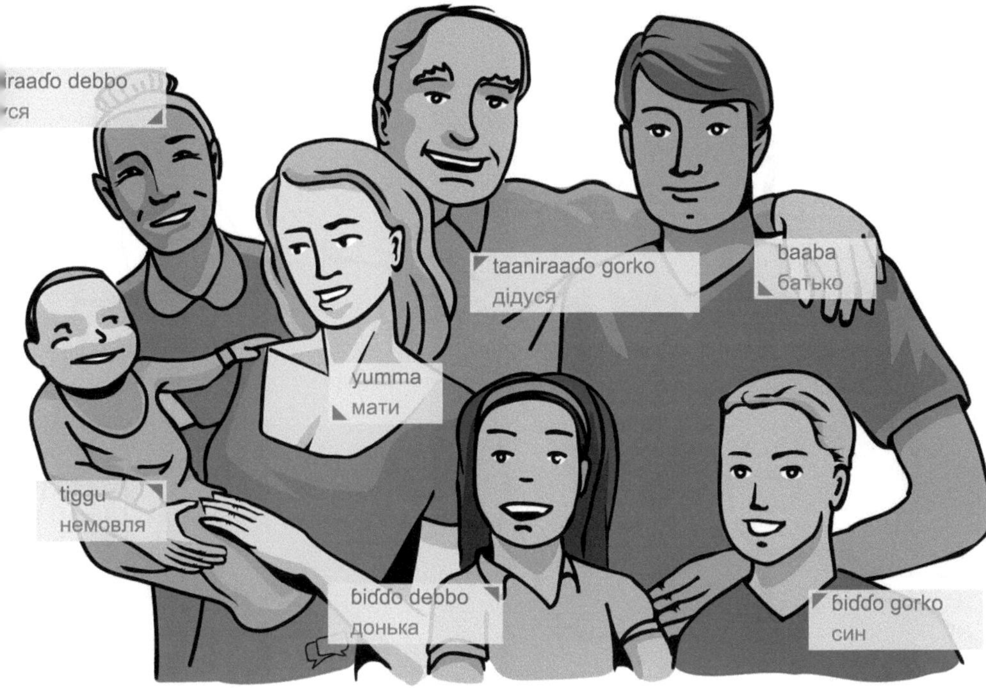

iraaɗo debbo
ся
taaniraaɗo gorko
дідуся
baaba
батько
yumma
мати
tiggu
немовля
ɓiɗɗo debbo
донька
ɓiɗɗo gorko
син

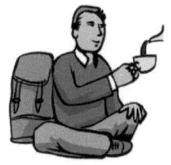

koɗo

гість

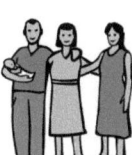

gogo

тітка

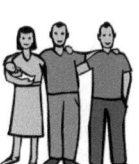

kaawiraaɗo

дядько

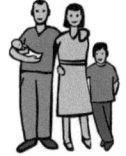

mawniraaɗo gorko

брат

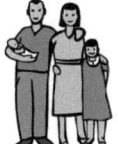

mawniraaɗo debbo

сестра

ɓandu

тіло

tiinde
чоло
yitere
око
walabo
плече
feɗeendu
палець
yeeso
обличчя
waare
підборіддя
jungo
кисть
korlal
нога
endu
груди
jungo
рука

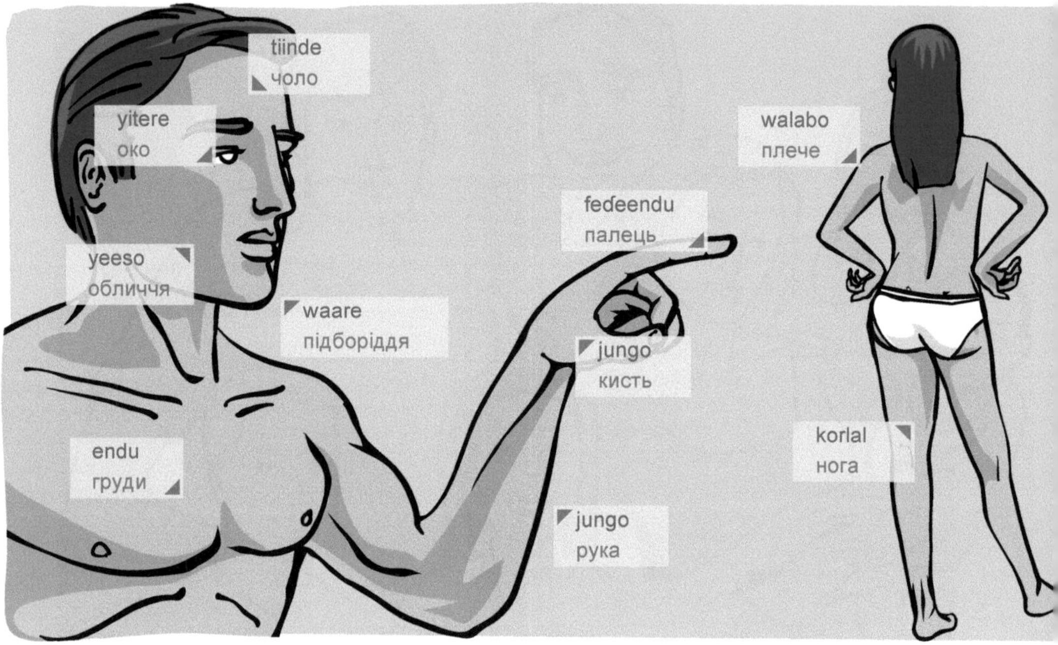

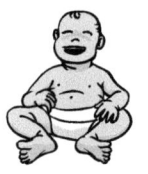

tiggu

немовля

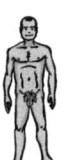

gorko

чоловік

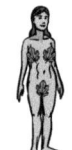

debbo

жінка

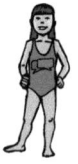

debbo

дівчина

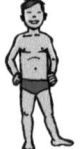

gorko

хлопчик

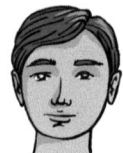

hoore

голова

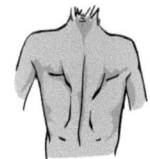

keeci

спина

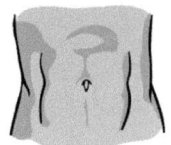

reedu

живіт

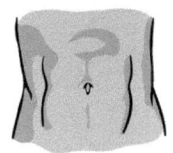

wudduru

пуп

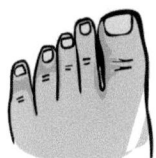

feɗeendu

палець ноги

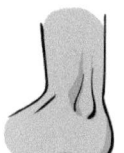

njaaɓordi

п'ята

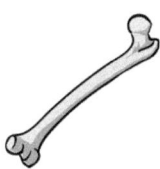

ÿiyal

кістка

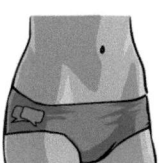

buhal

стегно

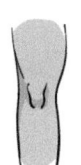

hofru

коліно

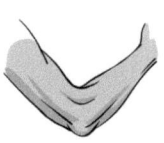

fooŋturu

лікоть

hinere

ніс

gaɗa

сідниці

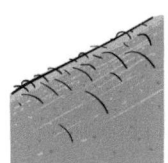

nguru

шкіра

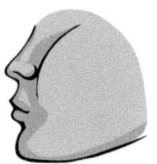

aɓɓuko

щока

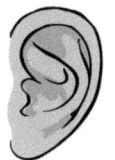

nofru

вухо

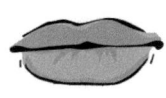

tondu

губа

hunuko

рот

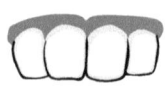

ñiire

зуб

demngal

язик

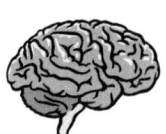

ngaandi

мозок

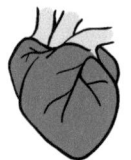

bernde

серце

ÿiye

м'яз

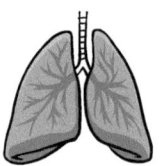

jofe

легені

heeñere

печінка

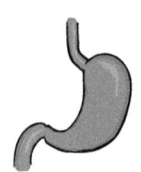

kuuse

шлунок

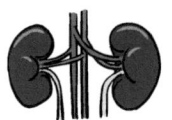

booÿe

нирки

leldaade

статевий акт

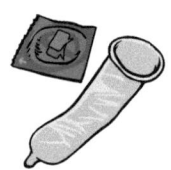

kawasal

презерватив

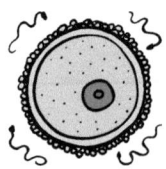

boccoonde

яйцеклітина

maniiyu

сперма

cowagol

вагітність

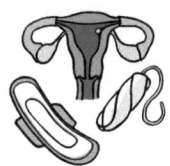

ella

менструація

kottu

вагіна

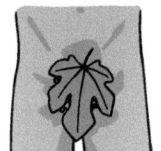

soolde

пеніс

leebol yitere

брова

sukundu

волосся

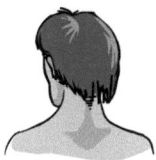

daande

шия

safrirdu
лікарня

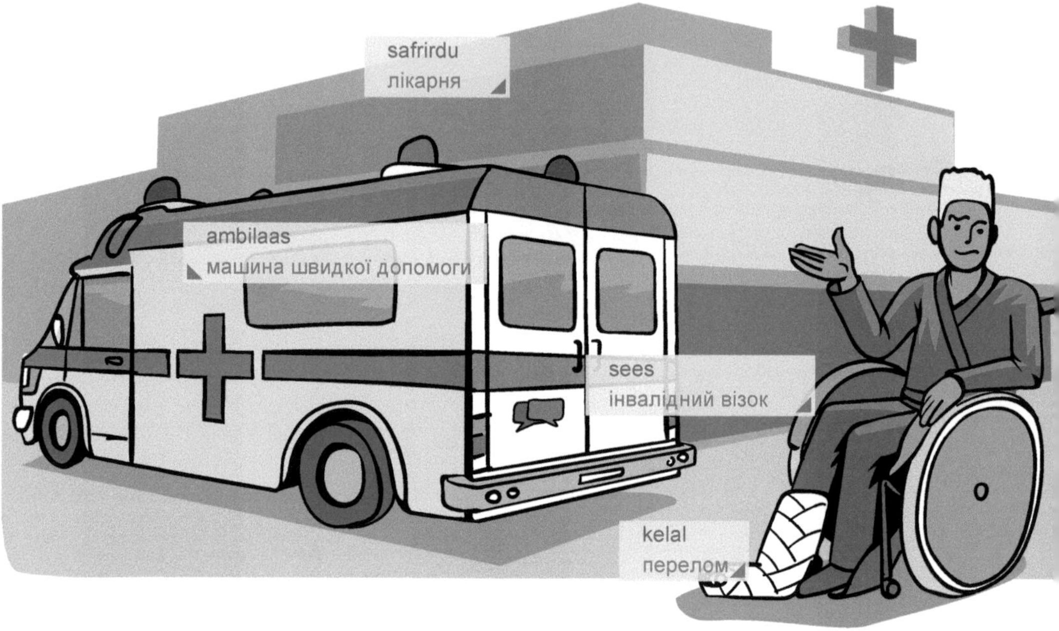

safrirdu
лікарня
ambilaas
машина швидкої допомоги
sees
інвалідний візок
kelal
перелом

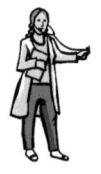

cafroowo
лікар

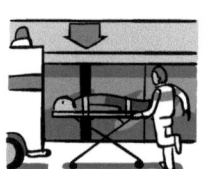

suudu heñaare
відділення швидкої медичної допомоги

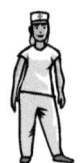

debbo cafroowo
медсестра

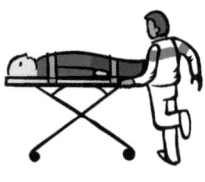

heñorde
аварійний випадок

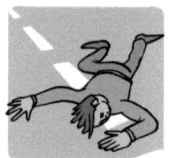

wondaane hakkile
непритомний

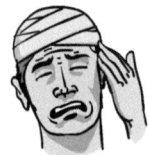

muuseeki
біль

gaañande

травма

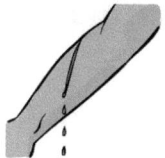

tuɗde ÿiiÿam

кровотеча

muuseeki ɓernde

інфаркт

piigol

інсульт

nefo

алергія

ɗojjude

кашель

ɓandu wulooru

лихоманка

pali

грип

ndogu reedu

пронос

hoore muusoore

головна біль

kaaseer

рак

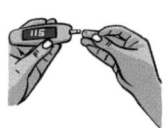

jabett

діабет

oppiroowo

хірург

jaggirdi

скальпель

oppeere

операція

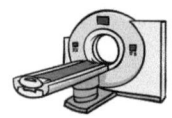

CT

КТ

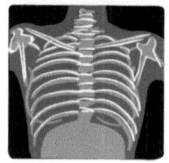

buuɗi x

рентген

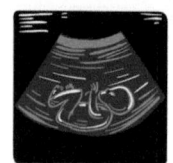

iltarasooŋ

ультразвук

huurirdu yeeso

маска

rafi

хвороба

heblorde

зал очікування

beeke

милиця

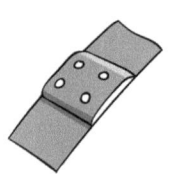

tabak

пластир

bandaas

пов'язка

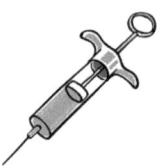

pinggu

ін'єкція

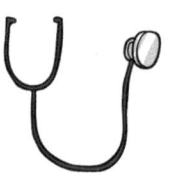

estetoskop

стетоскоп

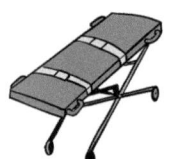

pooɗoowo

ноші

termomeeter safrirdu

термометр

jibinande

народження

ɓuttiɗgol

надмірна вага

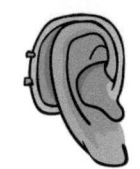

ballal nanirɗe

слуховий апарат

laɓɓinoowo

дезінфікуючий засіб

raaɓo

інфекція

wiriis

вірус

SIDAA

ВІЛ / СНІД

lekki

медицина

ñakko

вакцинація

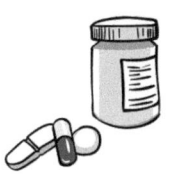

poɗɗe

таблетки

foɗɗere

протизаплідна пігулка

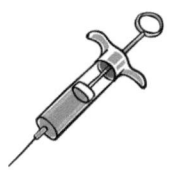

noddaango heñiingo

екстрений виклик

ÿeewtorde yaadu ÿiiyam

тонометр

faawŋi / selli

хворий / здоровий

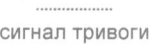

Ballal

Допоможіть!

pindinoowo

сигнал тривоги

njangu

напад

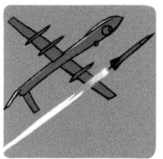

raaŋande

атака

boomre

небезпека

yaltirde yaawnde

аварійний вихід

Jeyngol

Вогонь!

ñifoowo jeyngol

вогнегасник

aksida

аварія

saawdu safaara gadano

аптечка

SOS

СОС

poliis

поліція

Orop

Європа

Amarik Rewo

Північна Америка

Amarik Worgo

Південна Америка

Afirik

Африка

Aasi

Азія

Ostaraali

Австралія

Atalantik

Атлантика

Pasifik

Тихий океан

Maayo Endo

Індійський океан

Maayo Antarkatik

Антарктичний океан

Maayo Arkatik

Північний Льодовитий
океан

Baŋe Rewo

Північний полюс

Baŋe Worgo

Південний полюс

Antarkatik

Антарктика

Leydi

Земля

leydi

суша

maayo

море

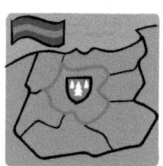

siire

острів

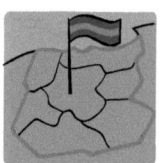

wuro

нація

laamu

держава

yeeso waktu

циферблат

jungo waktu

годинникова стрілка

jungo hojoma

хвилинна стрілка

jungo majaango

секундна стрілка

hol waktu?

Котра година?

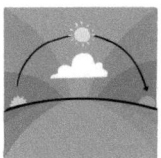

ñalawma

день

saha

час

jooni

зараз

mantoor nattoowo

цифровий годинник

hojoma

хвилина

waktu

година

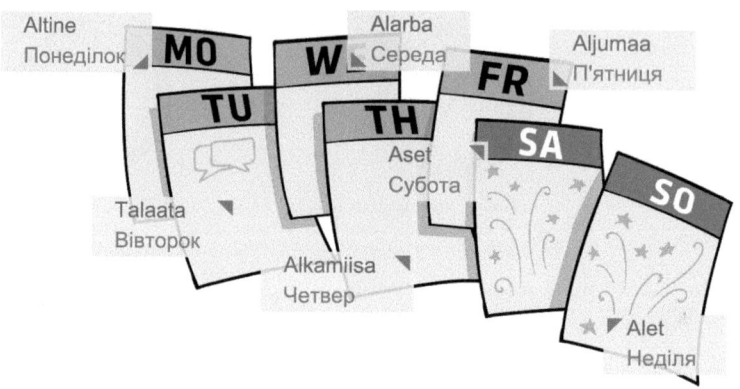

Altine
Понеділок

Alarba
Середа

Aljumaa
П'ятниця

Talaata
Вівторок

Aset
Субота

Alkamiisa
Четвер

Alet
Неділя

hanki

вчора

hande

сьогодні

jango

завтра

subaka

ранок

ñalawma

опівдні

kikiiđe

вечір

MO	TU	WE	TH	FR	SA	SU
1	2	3	4	5	6	7
8	9	10	11	12	13	14
15	16	17	18	19	20	21
22	23	24	25	26	27	28
29	30	31	1	2	3	4

biir

робочі дні

MO	TU	WE	TH	FR	SA	SU
1	2	3	4	5	6	7
8	9	10	11	12	13	14
15	16	17	18	19	20	21
22	23	24	25	26	27	28
29	30	31	1	2	3	4

ñaldî

кінець робочого тижня

hitaande

рік

tobo
дощ
timtimol
веселка
hendu
вітер
nees
сніг
demminaare
весна
ceeɗu
літо
ndunngu
осінь
dabbunde
зима

4.APRIL 11°
5.APRIL 4°
6.APRIL 13°
7.APRIL 8°
8.APRIL 10°

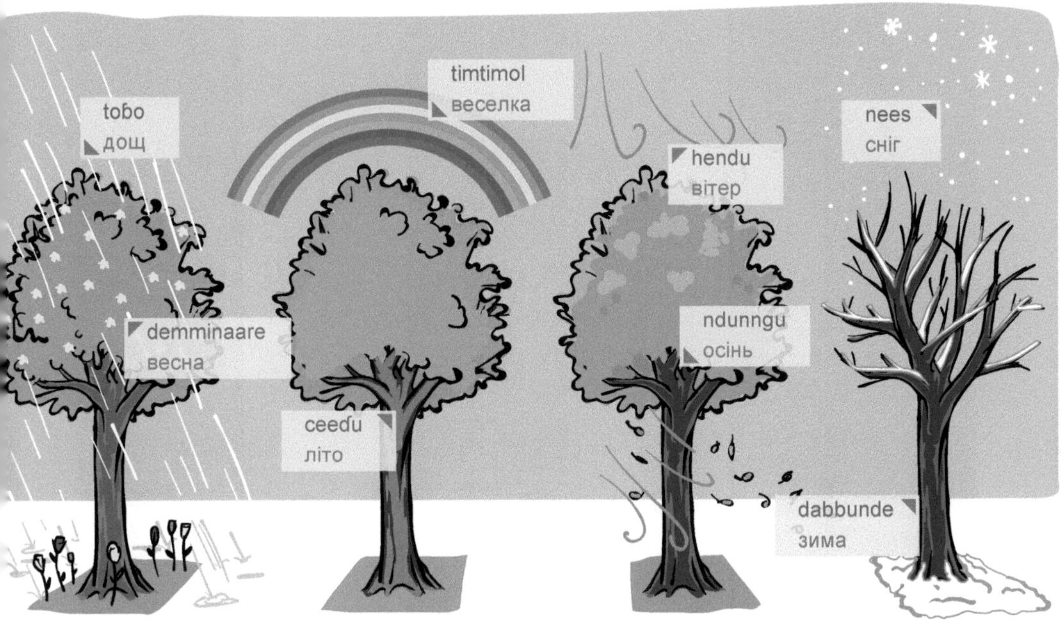

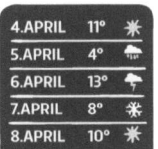

kabaaru weeyo

прогноз погоди

F C

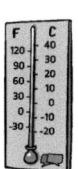

termomeeter

термометр

naaŋini

сонячне світло

ruulde

хмара

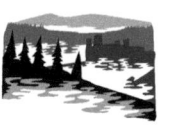

cuurki

туман

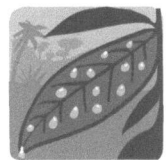

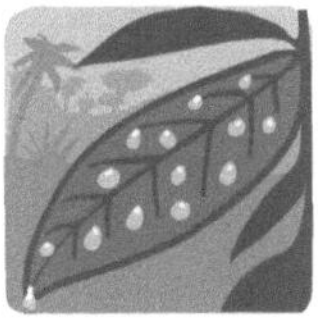

uddeende

вологість повітря

majje

блискавка

gidaango

грім

hendu

шторм

huɗɗni

град

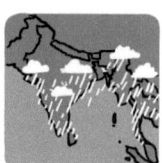

ruulɗini

мусон

waame

повінь

nees

лід

Siilo

Січень

Colte

Лютий

Mbooy

Березень

Seeɗto

Квітень

Duuyal

Травень

Korse

Червень

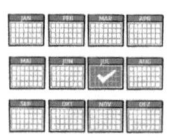

Morse

Липень

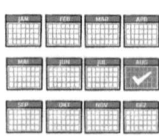

Juko

Серпень

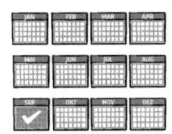

Siilto

Вересень

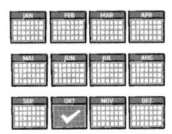

Yarkoma

Жовтень

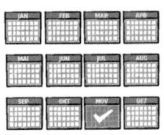

Jolal

Листопад

Bowte

Грудень

balli

форми

taarto

круг

yaajeendi

квадрат

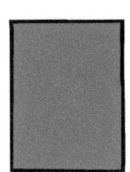

yaajo

прямокутник

saraandi

трикутник

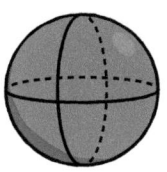

mbiifu

куля

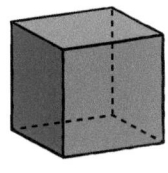

kiibb

куб

daneejo

білий

oolo

жовтий

oraas

помаранчевий

roos

рожевий

boɗeejo

червоний

mboongu

фіолетовий

bulaajo

синій

werte

зелений

cooyo

коричневий

puro

сірий

ɓaleejo

чорний

heewi / seeɗa

багато / мало

seki / deeyi

лютий / мирний

yooɗi / soofi

гарний / бридкий

fuuɗorde / gasirde

початок / кінець

mawɗo / tokooso

великий / малий

leeri / niɓɓiɗi

світлий / темний

maniraaɗo / miñiraaɗo

брат / сестра

laaɓi / tunwi

чистий / брудний

timmi / manki

завершений /
незавершений

ñalawma / jamma

день / ніч

maayi / wuuri

мертвий / живий

yaaji / faaɗi

широкий / вузький

nano / nanotaako

їстівний / неїстівний

boni / moÿÿi

злий / дружній

softi / yoomi

збуджений / нудьгуючий

ɓuttiɗi / sewi

товстий / тонкий

adi / wattindi

спочатку / востаннє

sehil / gaño

друг / ворог

heewi / ɓolɗi

повний / порожній

muusi / weeɓi

жорсткий / м'який

teddi / hoyi

важкий / легкий

heege / ɗomka

голод / спрага

faawŋi / selli

хворий / здоровий

wona laawol / laawol

незаконний / законний

feerti / muddiɗi

розумний / дурний

nano / ñaamo

вліво / вправо

ɓatti / woɗɗi

поруч / далеко

keso / kiiɗɗo

новий / використаний

ndiga / huunde

нічого / щось

nayeejo / suka

старий / молодий

huɓɓi / ñifii

вкл / викл

uditi / uddii

відкрито / закрито

deeÿi / dille

тихо / гучно

aldi / waasi

багатий / бідний

goonga / fenaande

правильно / неправильно

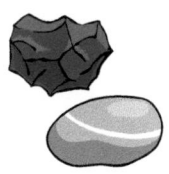

tiidi / nooyi

шорсткий / гладкий

metti / weli

сумний / щасливий

raɓɓiɗi / juuti

короткий / довгий

leeli / yaawi

повільно / швидко

leppi / yoori

вологий / сухий

wuli / ɓuuɓi

гарячий / холодний

hare / jam

війна / мир

0

ndiga

нуль

1

gooto

один

2

ɗiɗi

два

3

tati

три

4

nay

чотири

5

joy

п'ять

6

jeegom

шість

7

jeeɗiɗi

сім

8

jeetati

вісім

9

jeenay

дев'ять

10

sappo

десять

11

sappoy goo

одинадцять

12
sappoy ɗiɗi

дванадцять

13
sappoy tati

тринадцять

14
sappoy nay

чотирнадцять

15
sappoy joy

п'ятнадцять

16
sappoy jeegom

шістнадцять

17
sappoy jeeɗiɗi

сімнадцять

18
sappoy jeetati

вісімнадцять

19
sappoy jeenay

дев'ятнадцять

20
noogaas

двадцять

100
teemedere

сто

1.000
ujunere

тисяча

1.000.000
miliyooŋ

мільйон

Aŋale

англійська

Aŋale Amarik

американська англійська

Mandare Siinaaɓe

китайська
високочиновницька

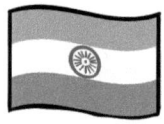

Hindi

хінді

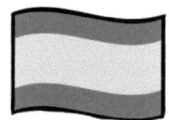

Espaňool

іспанська

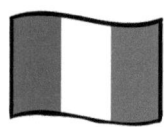

Farayse

французька

Arab

арабська

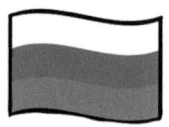

Riis

російська

Portigees

португальська

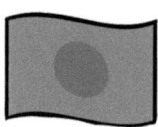

Bengali

бенгальська

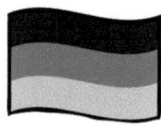

Almaa

німецька

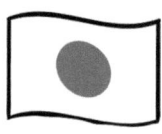

Sapponee

японська

miin

я

an

ти

kanko / kanko / kanum

він / вона / воно

minen

ми

onon

ви

kamɓe

вони

holoon?

хто?

holɗuum?

що?

holnoon?

як?

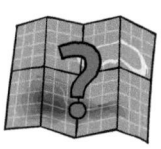

holtoon?

де?

mande?

коли?

inde

ім'я

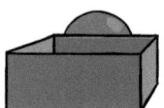

caggal

ззаду

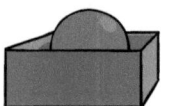

nder

в

sawndo

перед

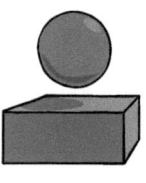

dow

над

e

на

les

під

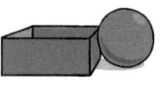

sara

біля

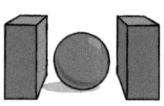

hakkunde

між

nokku

місце